내 삶의 희망을 품고

머리말

맑은 하늘을 떠다니는 흰 구름처럼, 폭우를 동반한 장맛비, 온 세상을 환하게 밝혀주는 서설은 우리의 인생길과 너무도 닮았다.

 때로는 폭우, 폭설도 포근하다고 느낄 수 있다면 얼마나 좋을까? 생각해 보면서 그동안 간간이 표현한 글을 모아서 작으나마 처음으로, 이 시집을 출간하게 되어 매우 기쁘다.
 앞으로 꾸준히 시집이 나오길 기대해 본다.

2025년 7월에
김상윤

차례

※ 머리말 3 ※

※ 1부 ※
어제, 오늘, 내일

환상 8 / 희망 10 / 너! 나! 12 / 향수 14 / 외로움 16 / 연기 18

난무 20 / 출항 22 / 애심 24 / 안식처는 어디에 26 / 등불 30

인생 32 / 풍경화 34 / 벗 36 / 애정 38 / 기다림 40 / 허무 42

구원 44 / 사랑을 독차지하기 위해 46 / 어제, 오늘, 내일 50

첫눈 54 / 고독 56

※ 2부 ※
기다림

사랑 소리 60 / 유랑 62 / 내일은 너의 것 64 / 현실 66

그대로 살고 싶다 68 / 갈등 70 / 환희 72 / 향수 74 / 나의 길 78

무 80 / 어느 날 밤 82 / 징검다리 86 / 달님의 노래 88 / 초병 90

다짐 92 / 꿈 94 / 고백 96 / 기다림 98 / 그리움 100

내 영혼은 102 / 어달리 104 / 봄의 향연 106 / 기다림 108

인생이란 110 / 장날 112 / 바램 114 / 행복 116

1부

어제, 오늘, 내일

환상

어젯밤 나는
보았소.
그대의 웃는 모습을.
내게 오라고 다정히 손짓하지만
아무리 다가가려고 해도
멀어져만 가는구려.
어젯밤 나는
불렀소.
간절히 당신을
그러나, 당신은 대답이 없었소.
다만, 나의 애원이 메아리칠 뿐이오.
하지만, 나는
이 몸이 다하도록 부를 것이오.
그대의 대답이 있을 때까지….
나의 애원이 한 조각
연기가 아닌
활짝 핀 장미가 될 때까지.

1980. 6. 27.

희망

꽃을 피워야지.
나의 희망을 실은 꽃
활짝 피어라.

지금 내 마음은 뜬구름 한 조각
나의 꽃은 비바람에 꺾여지고
빗속에서 눈물 흘리고 있네.

다시 내 마음속에 새 희망希望의 꽃을
심어야지.
그리고, 푸르고 굳센 줄기, 잎에
활짝 핀 꽃을 피워야지.

내 마음속 깊이 다시 새 희망의 꽃을
깊이 굳게 심어야지.
그리고, 활짝 밝게 피워야지.

1980. 8. 21.

너! 나!

너!
가장 진실되고, 이해해 주고, 용기를 주고….
나!
가장 진실되고, 영원하며, 이해해 주고,
격려해 주는.

너! 나! 의 만남을 진심으로 축원하리.
너! 나! 의 우정은 영원하리.
친우여!
그대와 나의 진실된 우정이
언제 어느 때고
해가 가고 달이 바뀌어도
늘 푸른 소나무처럼 영원하길 기원하리.

세상이여! 우리의 우정을 위해
축원의 기도를 올릴지어다.

1980. 9. 11.

향수

어스름 황혼 질 때
고향 소식 가랑잎에 실려 온다.

지친 몸 끌고
말없이 반기는
은행나무 그늘 아래 두 다리 뻗고
세상 소식 전해주곤
말없이 다음 쉴 곳을 찾아 떠난다.

내 발밑에 사뿐히 내려앉은 가랑잎은
나의 슬픈 소식 안고 고향으로 걸음을 재촉한다.

지금 나의 마음은 고추잠자리마냥
한없이 한없이 하늘만 맴돈다.

내 어릴 적 고향 생각하며…

1980. 9. 13.

외로움

어디로 갔나!
어디로 갔을까? 나의 벗

기쁠 때나 슬플 때나 내 곁에
있어 주던 나의 벗이여

밤하늘 반짝이는 별빛 친구삼아
정답게 주고받던 너와 나의 즐거움

이젠 영영 저 멀리 은하수인가?
보고프다.

나의 맘이여
포근히 나를 감싸주던 정다운 별빛
지금은 외로이 내 곁을
비춰주네.

외로움 안고….

1980. 9. 15.

연기

세상의 더럽고 추한 것을
모두 쓸어모아 한 조각 재로 남기고
통쾌하고 자랑스럽지만
쓸쓸하게 저 멀리 흩어진다.

넌 방황한다.
통쾌하게 모든 것을 없애고
그 잔유물이 되어 너의 안식처를
찾기 위해 이리저리 맴돌다
결국은 소리 없이 사라진다.

소리 없이 사라진다.
비참하다.
하지만, 그 종말은
성스러움.

1980. 10. 1.

난무

잠자리!
고추잠자리!

빨갛고 새빨갛고 더욱 새빨갛고
이리저리 난무한다.
나치, 꼬마들의 운동회를 흉내내는 듯

여치도, 귀뚜라미도 한데 엉긴다.
고추잠자린 더욱더 신이 나
뻥뻥 더욱더 빨리 돌고 돈다.

어지럽다.

난무의 즐거움을 만끽하는
하루 인생.

1980. 10. 1.

출항

나의 배는 출항을 했다.
인생이란 짧고도 긴,
가볍고도 무거운 짐을 나의 청춘에 걸고
첫 출항을 했다.

험한 파도여, 풍랑이여, 폭풍우여
내게 덤벼라.
내 너의 도전을 기꺼이 응낙하리.

내 인생의 최대 무기 청춘으로
모든 고난을 내 앞에
무릎 꿇게 하리.

1981. 3. 17.

애심

그대 그리는 맘

굴뚝 같지만

그대 보고픈 맘

하늘 같지만

그대 사랑하는 맘

바다 같지만

그댄 여전히 꿀 먹은 벙어리

날 그리는 그대 맘

알고 있지만

날 보고파 하는 그대 맘

알고 있지만

날 사랑하는 그대 맘

알고 있지만

나 역시 꿀 먹은 벙어리

나 그대
그대 날
서로 마음속 깊이
꿀 먹은 벙어리.

　　　　　　　　　　　　　　　　1980. 12. 31.

안식처는 어디에

Ⅰ.
처절히 처절히
내 마음은 이 세상의 모든 고통
번민의 옷을 입고 너무도 너무도 무거워
터질 것 같은 내 심장!

고통을 잊기 위해 잊기 위해
한 잔의 술을 마시며
몸부림치는 내 육신!

하루의 피로도 잊은 채
마음의 안식처를 찾기 위해
이리저리 미친개마냥
밤거릴 헤맨다.

안식처!
내 마음의 모든 고통
썩어가는 내 육신
모두가 안식처를 구한다.
안식처!
내 평화가 깃든 안식처는 어디에….

Ⅱ.
죽음의 수렁으로
자꾸만 자꾸만 빠져간다.
내 육신이 한 줌의
먼지가 되도록.

벗어나야 한다.
내 맘의 안식처를 찾아
방황의 헤매임을 벗어나야 한다.

내 마음의 안식처를 찾아….

1981. 5. 23.

등불

외로운 밤
길 잃은 산속 나그네의
서글픈 눈망울.

누군가에게 도움을 청하지만
그의 청을 들어줄 이는 아무도 없는 험악한 산속 밤길
그의 맘 아는 인 오직 외로운 별님뿐.

간절히 간절히 그대의 등불을 구하지만,
등불은 보이지 않고 어둠의 공포만이
나를 더욱더 엄습한다.

나의 등불은 언제 밝게 켜지려나?
그때까지 조용히 조용히 기다리련다.
말없이 떨어지는 낙엽처럼.

1981. 4. 3. 21:30

인생

인생은 고속도로
살같이 달리는 숱한 사연들
탁 트인 도로 위를 달려가자.
나의 길!

달리자.
힘차게 희망을 안고
내 인생행로

인생은
유수! 흘러가는 흰 구름!

            1981. 6. 2.

풍경화

달리자. 달리자. 달리자.
시원한 도로 위를
도로 곁 논에선
일 년의 양식을 위한 농부들의 피땀

경쾌한 마음으로 달려가자.
달려가자.
내일의 꿈 한 아름 안고
쭉쭉 뻗은 도로를 따라
내 발길 점점 희망찬 걸음
모든 것은 한 폭 풍경화!

1981. 6. 2.

벗

고요한 밤하늘 별이 날 부른다.
긴긴밤 외로운 여행길에
말동무나 하자고.

난 승낙했지!
나의 길도 밤하늘 별처럼 삭막하고 외로운 사막

둘은 정답게 외롭고 먼 길을 걸었지.
둘은 친구.

어둠이 물러가고 새벽이 올 때
둘은 작별을 고하며 내일 만날 것을 약속했지.

아름다운 나의 친구 작은 별.

1981. 6. 4.

애정

당신은 내게서 무엇을 원하십니까?
부를 원하십니까?
행복을 원하십니까?
아니면, 이 세상에서 가장 귀한 보석을 원하십니까?

애석하게도 나는 당신에게
아무것도 줄 수가 없습니다.
오직 내가 당신에게 줄 수 있는 것은
영원히 변하지 않는 내 영혼뿐.

그댄 내게 무엇을 주시겠습니까?
나 역시 그대에게서 받고 싶은 것은
진실된 그대 마음뿐.

내 영혼과 그대의 진실한 마음이 하나가 될 때
그댄 날 알고,
볼 수가 있으며,
나 역시 그대의 참모습을 알 수 있을 것입니다.

머언 훗날 우리의 백골이 진토가 될 때
후세인들은 우리 둘의 얘기를 하며 부러워할
그대! 나!
둘만의 영원한 사랑.

1981. 6. 5.

기다림

저 멀리 어둠 속에
서서히 서서히 밝아오는
아침 햇살처럼.

뜨거운 태양이 하루의 일과를 끝내고
온 세상에 은총을 베풀며 사라질 때

밤하늘 오순도순 밀어를 속삭일 때를
손꼽아 기다린다.

하루의 즐거움
뙤약볕 밑의 고된 하루도 당신을
기다릴라치면 한 조각 미소

하루의 황혼이 물들 때면 당신과 만나선

우리의 미래를, 꿈을,

별빛을 듬뿍 받으며 속삭이지.

하루의 일과는 기다림의 연속….

1981. 6. 10.

허무

가을날 싸늘한 바람이
수목의 옷을 하나하나 벗겨내 간다.
비정토록.

사람은 소리쳐 산모의 몸속에서
뛰쳐나와 이리저리 세상을 살아간다.

황혼이 질 때 묵묵히 지난날을
회상해 보면 한바탕 헛된 꿈인 것을

부질없이 속세에 머물다
미련 없이 사라져가는 생$_{生}$

모든 것은 허무 그 자체….

1981. 6. 5.

구원

오늘도 죽음의 길을 걷는다.

시간이 지날수록 더욱더 가슴을 죄어오는
삶의 고통

우주의 모든 업고를 짊어지고
구원의 손길을 기다리며
끝없는 가시밭길을 걷는다.

어제의 죄를 용서받고
오늘의 잘못을 용서받고
내일의 과오도 용서받기 위해
지금의 이 길을 묵묵히 걷는다.

오직 영원한 구원의 손길을 기다리며….

1981. 6. 20.

사랑을 독차지하기 위해

저 멀리
수평선 너머로부터 밀려오는
다정한 파도의
부드러운 손길에
오늘도 금빛 모래는 다소곳이 미소를 지으며 속삭인다.

파도 속의 검은 바위는
거세게 밀려오는 파도의 뜨거운 포옹을
무엇이 불만인지 파도의 얼굴에
시퍼런 멍을 내고는 하얗게 부숴버린다.

금빛 모래와 검은 바위는
오늘도 파도의 사랑을 독차지하기 위해
실랑이를 벌인다.

그러다

아침이 되면

붉게 타오르는 해님의 미소에

파도와 금빛 모래와

검은 바위는

서로를 정겨웁게 바라본다.

           1981. 8. 15.

어제, 오늘, 내일

어제도
오늘도
내일도 보고픈 임 기다리며
눈물로 세월 짓는 내 모습에
너무도 애처로워
무명의 흰 눈마저
눈물 흘리며 내린다.

밤마다
당신을 만나 행복에 파묻혀
끝없는 밀월을 즐기다 보면
당신은 온데간데없고
빈 공간에 선
내 모습을 발견하곤
너무도 야속하여
한없는 눈물을 흘립니다.
끝없이 내리는 눈꽃들도
내 모습에
너무도 애처로워
흐느낍니다.

조용히 깊은 밤

밤새 잠 못 이루는

가련한 내 모습에

눈꽃들은 바람을 무릅쓰고 점점 뭉쳐져

당신을 만드는 모습에

너무도 서러워서

소리 없는 눈물을 한없이 흘립니다.

1981. 11. 17.

첫눈

창밖에 눈이 나린다.
새벽의 고요를 소리 없이
깨뜨리며

온누리를 갈아입히고
새 생명을
불어넣으려는 듯

포근히 세상을 감싸고,

창가에 외로이 선
당신에게

살포시 미소를 지으며 다가와서
소리 없이 내린다.

1981. 11. 17.

고독

오늘도 넌 어김없이 찾아왔다.

내일도 올 것이고,
모레에도 올 것이다.

널 잊기 위해 가득 찬 술잔 위의 거품을 마시며
몸부림치지만
그 후에 더한 고독과 외로움이 엄습한다.

한 잔의
거품을 마시다 그 공허감을 못 잊어
다시 한 잔을 마시고
그것도 모자라 결국엔 내 모든
고독을
술병에 담아 가슴 속에 집어놓곤
공허감을 잊으려 하지만
그것은 오히려 내게서 연민의 정을 낳는다.

1982. 1. 28. 23:00

2부

기다림

사랑 소리

바닷가 모래 위
너와 내가
남겨놓은 발자욱에

파도는 시샘을 느껴
소리 없이 지워버린다.

시원한 해풍이
우리들의 얼굴을 스치며 지나가고
우리를 환영하는 갈매기의 합창에

너와 난 모래알 같은 많은
얘기를 속삭이지만
파도는 질투하여

우리가 밀어를 속삭이지 못하게
큰 소리로 외쳐댄디.

그렇지만 우리들의 사랑 소리는
파도의 큰 소리보다도
더 크고
갈매기의 합창보다도
더 감미롭고 아름다운걸.

1982. 1. 28. 24:00

유랑

바람이 부는 대로
발길 닿는 대로
정처 없이 이곳저곳

오늘은, 이 골짜기
내일은 어드메쯤일까

오늘 발길 머문 이곳 예전에도 어떤 인생 지팡이가
지나쳤으련만

어제도
오늘도
내일도
내게 위안 주는 것은 오직
한 잔의
눈물 머금은 술

옆구리엔 인생 고독 가득 담은
술병
오늘도
말없이 끝없는 유랑의 길.

1982. 1. 30.

내일은 너의 것

지난 6년간
알게 모르게 차근차근
한 계단씩 밟아 올라온

이제 그 결실을 보게 되는 날
정들었던 교실과
선생님, 친구들과 헤어지며
아쉬움의 눈물을 방울방울….

떨어지지 않는 발길을 힘차게 내디뎌라.
내일은 너의 것
여지껏 살아온 공을
밑거름으로 하여
오늘을 너의 새 출발의
기점으로 삼아
힘차게, 힘차게, 곧게 자라라

내일은 너의 것

1982. 2. 15.

현실

어제의 쓰라린 기억이
오늘의 현실이
아무리 고달프고 괴로울지라도
우리가 헤쳐 나가야 할
길인 것을

내일의
밝은 미래는
고달픈 오늘의 현실이 있었기에
잊을 수 있는 것을

헤쳐 나가야 한다.
고달픈 우리의 현실에 처한
우리이기에
헤쳐 나가야 하는 것을.

1982. 6. 4.

2부 기다림

그대로 살고 싶다

그대로 살고 싶다.
모든 것을 등진 채 그렇게 살고 싶다.
어지러운 조명 아래 엉덩이를 흔들어대는
그런 곳에서 벗어나
자신의 이익과 안위만을 돌보는
그런 곳에서 벗어나
인간의 모든 욕망을 갈구하는
그런 곳에서 벗어나
오로지 타인에 대한 헌신적인 봉사를 원하는
그런 곳에서 벗어나
거침없는 자연과 더불어
그대로 살고 싶다.

1982. 6. 11.

갈등

바람이 분다.
천둥이 친다. 번개가 일렁인다.
하늘에서 물이 폭우를 그린다.
하늘이 터진다.
열 갈래 백 갈래 만 갈래로
땅이 꺼진다.
모든 것을 삼켜버린다.
연기가 치솟는다. 비명을 지른다.
아! 생지옥이다.
하늘은 터지고, 찢어지고
땅은 꺼지고, 갈라지고
설 땅이 없다.
조금도 없다. 불쌍하다. 부끄럽다.
내가 설 땅은 어디쯤일까?
찾을 길이 막연하다. 분노를 삼킨다.
하늘이 터진다.
땅이 꺼진다.

1982. 7. 3.

환희

저 멀리 아득한 곳에
아른거리는 엷은 안개구름 속에
고고히 모습을 드러내고 우뚝 선 고지를 향하여
한 걸음 한 걸음
힘차게 내딛는다.

가도 가도 끝이 없는
저 높은 고지를 향한 내 발걸음은
시간이 지날수록 무거워져만 간다.
하지만, 해내야만 한다는
신념과 의지를 가지고
이를 악물고 행군을 한다.

아!
고지가 보인다

자신과의 처절한 투쟁에서
고지를 정복한
그 환희에
벅찬 가슴을 안고 외쳐댄다.

출발했노라!
걸었노라!
정복했노라!
이겼노라고!

1982. 6. 4.
전방 행군을 마치고

향수

Ⅰ.
내 머리 위 구름 속
우뚝 선 봉우리를 쳐다보노라면
내 발아래 안개 속
넓게 펼쳐진 평야를 보노라면
어디선가 은은히
들려오는 이름 모를 풀벌레 소리에
귀를 기울이노라면
어느덧 내 마음은
고향길을 달음질친다.

Ⅱ.
밝은 달빛을 받으며
적과 대치하여
밤을 새노라면

저 넓은
하늘을 아름답게 수놓은
별들과 무언의 대화를 나누노라면
어느덧 내 마음은
고향길을 달음질친다.

1982. 6. 7.
전방훈련 중 철책선 근무를 마친 후

나의 길

나에게도 갈 길이 있습니다.
끝없이
멀고, 먼
저 고개 너머로 갈 길이 있습니다.

걸음마를 배울 때부터
지금까지도
내겐 갈 길이 있었고,
지금도 꾸준히 가고 있으며,
앞으로도 갈 것입니다.

나의 길은
힘들고 고달픈 길이지만
묵묵히 걸어갈 것이며
또, 가야만 합니다.

낮에는 뜨거운 태양과
밤에는 반짝이는 별빛을 벗 삼아
끝없이
멀고 험한 길일지라도
걸어갈 것입니다.

1982. 6. 26.

무

무!
끓어오르는 젊은
창으로
세상만사를 이리저리 찌르고

그러다
열린 문을
활짝 열어젖히고 줄달음치고

생의
수많은 장벽은 모두 사라지고
무!

모두가
끝내는 주검의 장소로
무한한 가능성은 사라져 버리고
아늑한 안식처만이
안식처만이
미소를 지으며 날 유혹하고
유에서
무로 인도하고.

1982. 9. 25.

어느 날 밤

어느 날 밤
달빛은 너무도 고왔다.
어느 날 밤
파도는 너무나 잔잔했다.
잔잔한 파도 위에 비치는 저 고운 달빛은
아픈 내 가슴을 포근히 감싸주는 듯
한점 물결 없는 파도는
아픈 내 마음을 위로하듯
내 마음을 어루만진다.

어느 날 밤
바닷가 조그만 오두막집에서
소년은 멀리 떨어진
소녀의 그리움으로
텅 빈 마음을
수면 위에 은은히 반사되는 달빛에
그리움을 삭인다.
그러나,
며칠 후면 다시 만날 소녀 생각에
소년의 사그라진 마음은
어느덧 다시 그리움의
파문으로 일렁인다.
어느 날 밤
소년은 은은한 달빛을
한몸에 받은 바다를 바라보면서
이리저리
몸을 뒤척이다
밤을 하얗게 지새운다.

1982. 12. 29.

징검다리

인생은 징검다리

하나, 둘, 셋….
어제는 첫 번째 돌을
오늘은 두 번째 돌을
내일은 세 번째 돌을

하나, 둘, 셋 건너다보면
어느덧 황혼이 물들고
모든 것은 아득한 인생 추억

인생은 징검다리
하나, 둘, 셋….
어제는 첫 번째 돌을
오늘은 두 번째 돌을
내일은 세 번째 돌을

돌 하나, 둘, 셋 건너다보면
수많은 역경과 고난이
뒤따르는 것을
노력과 인내로서
풍성한 결실을 맺으리

인생은 징검다리.

                                        1983. 2. 11.

달님의 노래

저 높은 밤하늘
아기자기 속삭이는 성숙한
별님을
은은히 뿌연 빛을 발하는
달님을

별님과 달님은
서로가 짝이 되어 흥겨웁게 속삭인다.

갓 태어난 달님을
축복하는 수많은 별님은
충만한 결실을 향해
걸음마를 배우고
별님은 은하의 수를 꽃피운다.

저 산 넘어 아련히 떠오르는
만추의 정을 더해가는
노오란 달님은
잔잔한 은하의 물결에
정감을 속삭인다.

아! 달님, 별님이여,
오늘은 우리들의 밤 은하.

1984. 9. 9.

초병

달 밝은 대보름날 밤
초병은
이름 모를 풀벌레들의 합창 소리에
벗을 삼아
변함없이 전선을 노래한다.

산 넘어 환하게 대지를
정겨웁게 내려보는 달님의 미소에
초병의 가슴은 어머님의 모습으로 얼룩진다.

풀벌레들은 관현악 연주 합창으로
초병의 심금을 울리고
초병은 어느덧 가슴 설레는
눈망울로 이슬 맺는다.

눈앞 전선엔
그 옛날 얼룩진 피의 상처로
초병은 가슴속 깊이
뜨겁게 치솟는
피의 한을 노래한다.

1984. 9. 9.

다짐

성급한 마음을 버리고 좀 더 차분한 마음을 갖고
자신의 포부 꿈을 위해 한 걸음 한 걸음씩 걸어가자.

인내는 힘들지만, 열매는 꿀과 같으리.

좀 더 신중히 자신을 과소평가치 말고
비관하지 말고 현실을 도피치 말고
항상 용기와 희망으로 충실을 기하라.

교만에 빠지지 말고 너무 겸손하지도 말고
있는 그대로 자신을 보이라.

항상 상대편 입장에서 말하고 행동하고
사소한 것도 넘기지 말고 남을 얕보지 말라.
가장 중요한 것은 자신을 알고 자신을 이기는 것이다.

1985. 3. 17.

꿈

하루의 피곤에
술 한잔 머금고 이리 뒤척 저리 뒤척
어느덧
아카시아 은은한 내음 길을 홀로 걷는다.

저 멀리
미소 짓는 그녀의 손길에
한걸음에 달려가 손을 잡았네.

마주 손을 잡고
아카시아 은은한 내음 길을 걸을 때
이 세상
모두 내 것이었네.

1990. 5. 25.

고백

이 세상에 태어나
이런 느낌 처음이라네.

정원에 핀 붉고 붉은 장미가 아니더라도
이 세상 모든 것이 아름답다네

들판에 핀
이름 모를 들꽃 한 송이에서도 아름다움을 느낄 때

아!
나는 사랑에 빠졌다네.

이 세상에 태어나
이런 감정 처음이라네.
누군가
내 사랑 시샘할까?
누군가
내 사랑 훔쳐 갈까? 가슴 졸일 때

아!

나는 사랑에 빠졌다네.

                                            1990. 6. 1.

기다림

가슴 설레이는 시간
무슨 일일까?
아카시아 향기에 취해
마냥 꿈속을 헤매다
만남의 기억에 헐레벌떡 한달음에
아!
기다림, 그리고, 만남.

1990. 5. 25.

그리움

떨어지는
빗방울 방울에 아로새겨진 그대의 얼굴
그 얼굴을 잡으려
손을 내밀어 보지만 잡히는 건 그대의 환상

빗방울 방울을 헤치며
쫓아 가보지만
점점 멀어져만 가는 그대의 모습에
어느덧
빗방울은 내 가슴 속 깊이 파고들어 눈물진다.

1990. 6. 24.

2부 기다림

내 영혼은

어느 날 난,
그대 모습에 반해
내 모든 것을 빼앗겨 버렸네.
놀란 토끼마냥
두근거리는 심장박동 소리에
내 영혼은
그대의 영상으로 물들어가네.
내 영혼이
그대의 모습으로 채워질 때
난, 사랑에 빠졌다네.

처녀야!
사랑에 빠지던 날
난 세상의 주인이었단다.
그러나, 처녀야
난 세상의 주인이기보다는
그대의 사랑을
원한단다.

1990. 6. 26.

어달리

어달리
참으로 친숙한 말
우리 아기 잠재우기 위해
매일 밤 드라이브하던 어달리
이젠 어른이 되었지만
그래도
어달리를 가자고 한다.

어달리 삼거리에서의 추억
추운 겨울엔
손을 호호 불며 먹던
오뎅이 생각나는 어달리
차가운 파도 소리에 섞인 웃음소리
그렇게 어달리는
어느덧 마음의 고향으로 자리 잡는다.

2025. 4. 22.

봄의 향연

울긋불긋
봄인가 보다

연분홍, 보랏빛, 옅은 흰색
각자 자태를 뽐내며
진한 향기를 풍긴다.

가을도 아닌데
연한 녹색, 짙은 녹색, 검붉은색
단풍 아닌 단풍이
봄을 알린다.

화단 한 모퉁이에
살포시 자그마한 꽃 무리를 보이며 수줍게 웃는
머위꽃은 한층 봄을 느끼게 한다.

아! 계절의 시작은
내 삶의 시작과도 같다.

2025. 4. 23.

기다림

어제도
혹시나 기다렸는데 오지 않는 님
오늘은 올까?

기다림에 지친
내 마음은
언제쯤 서설처럼
기쁨에 젖을까?

어제도 오늘도
오지 않는 님을 기다리는
난
바보처럼 하염없이
창틈에 비치는 십자가를 바라본다.

2025. 5. 23.

인생이란

겨우내 추위를 밀어내고
여린 손끝처럼 어느새 피어버린 벚꽃
활짝 핀 벚꽃을 시샘하는 바람에 흩날리는 벚꽃
온 대지를 소리 없이 가득 채운 흐트러진 벚꽃잎을 보노라면
문득 지난 세월이 아른거린다.

무릇 빈손으로 왔다가
두 손에 가득 내 모든 것을 담았는데
어느새
내 두 손은 처음처럼 빈손

처음과 끝이 같은 내 두 손
세월의 질곡을 내려놓은 내 두 손과 양어깨는
이제야 안식을 찾는다.

2025. 5. 26.

2부 기다림

장날

장날이면 가슴이 설레인다
계절 따라
수많은 물건과 먹거리로 가득 차는
장날은 가슴이 설레인다.

어디선가 고소한 호떡 냄새가
나를 이끌고
상큼한 햇과일의 향기가
내 코를 간지럽히는
장날은 가슴이 설레인다.

코 묻은 손가락을 입에 물고
엄마 손을 잡고 가는
꼬맹이의 모습은
아련한 추억을 생각게 하는
장날은 가슴이 설레인다.

2025. 5. 28.

바램

나를 만난 모든 사람은
나로 인해서 위안을 받고 행복했으면 좋겠습니다.
나를 만난 모든 사람은
나로 인해서 슬픔을 잊고 행복했으면 좋겠습니다.
나를 만난 모든 사람은
나로 인해서 희생과 봉사를 할 수 있으면 좋겠습니다.
나를 만난 모든 사람은
나로 인해서 배려와 감사를 알 수 있으면 좋겠습니다.
나를 만난 모든 사람은
나로 인해서 남들로부터 존경을 받았으면 좋겠습니다.
나를 만난 모든 사람은
나로 인해서 평화와 안식을 누렸으면 좋겠습니다.
나를 만난 모든 사람은
나로 인해서 불의를 이길 수 있는 용기를 지녔으면 좋겠습니다.
나를 만난 모든 사람은
나로 인해서 너그러움을 지녔으면 좋겠습니다.

2025. 5. 29.

행복

너 이름이 뭐야?
괭이밥, 살갈퀴, 방가지똥, 봄까치
모두 다정한 이름이 있는데
사람들은 그냥 잡초라고 부른다.

그래도 나는 좋다.

내기 이름 모를 잡초로 불려도
누군가에게 따스함과 포근한 향기를 줄 수 있기에
나는 잡초라 불리어도 좋다.

내 삶의 희망을 품고

펴낸날 2025년 8월 28일

지은이 김상윤
펴낸이 주계수 | **편집책임** 이슬기 | **꾸민이** 허유진

펴낸곳 밥북 | **출판등록** 제 2014-000085 호
주소 서울특별시 마포구 양화로 156 LG팰리스빌딩 917호
전화 02-6925-0370 | **팩스** 02-6925-0380
홈페이지 www.bobbook.co.kr | **이메일** bobbook@hanmail.net

© 김상윤, 2025.
ISBN 979-11-7223-106-4 (03810)

※ 이 책은 저작권법에 따라 보호받는 저작물이므로 무단전재와 복제를 금합니다.